Otras obras de Sri Daya Mata

El gozo que buscas está en tu interior: Consejos para elevar el nivel espiritual de la vida diaria

La intuición: Guía del alma para tomar decisiones acertadas

EN LA QUIETUD DEL CORAZÓN

Cómo cultivar una relación amorosa con Dios

SRI DAYA MATA

Self-Realization Fellowship
FOUNDED 1920
Paramahansa Yogananda

Título de la obra original en inglés publicada por
Self-Realization Fellowship, Los Angeles, California:

Enter the Quiet Heart
ISBN 0-87612-175-X (cartoné)

Traducción al español: *Self-Realization Fellowship*

Esta edición ha sido autorizada por el
Consejo de Publicaciones Internacionales de
SELF-REALIZATION FELLOWSHIP

Self-Realization Fellowship fue fundada en 1920 por Paramahansa Yogananda como el órgano difusor de sus enseñanzas en el mundo entero. En todos los libros, grabaciones y demás publicaciones de SRF aparecen el nombre y el emblema de *Self-Realization Fellowship* (tal como se muestran en esta página), los cuales garantizan a las personas interesadas que una determinada obra procede de la sociedad establecida por Paramahansa Yogananda y refleja fielmente sus enseñanzas.

Primera edición en español: 2002
Segunda impresión en rústica: 2006
ISBN-13 978-0-87612-178-8
ISBN-10 0-87612-178-4

Impreso en Estados Unidos de América

1215-J508

Brinda tu amor a todos los seres, siente el amor de Dios en tu interior y percibe la presencia divina en cada persona: ésa es la forma de vivir en este mundo.

Paramahansa Yogananda

Prefacio

Todo ser humano ansía el amor. Sentir el amor fue el deseo ardiente de mi corazón desde la niñez; para mí, la vida no tiene sentido si se carece de amor. Sin embargo, tenía la impresión de que nunca podría contentarme con un amor imperfecto. El amor que podría satisfacerme era un amor incondicional, un amor que jamás me defraudara. Y la razón me decía que para encontrar ese amor perfecto debía acudir a la Fuente, dirigirme al Único Ser capaz de proporcionarme esa clase de amor. Así comenzó mi búsqueda de Dios.

Tenía diecisiete años cuando, en 1931, esa búsqueda me condujo a un encuentro que cambió para siempre el rumbo de mi vida. Tuve la enorme fortuna de asistir —en mi ciudad natal, Salt Lake City— a un ciclo de conferencias que impartía un gran hombre de Dios: Paramahansa Yogananda[1]. Durante los años que siguieron, aprendí de él la manera de satisfacer plenamente el anhelo que siempre había sentido mi corazón de conocer el amor perfecto, de sentir el amor divino: ese amor abrasador que se experimenta en la comunión con el Amado Eterno de nuestras almas.

[1] Véase «Reseña biográfica de Paramahansa Yogananda», en la página 139.

Durante mis viajes por el mundo entero, numerosas personas me han preguntado: «¿Cómo puedo darle mayor sentido a mi vida? ¿Existe algo capaz de llenar el vacío y satisfacer ese anhelo inexpresado que siento en el corazón? ¿Dónde encontrar el amor que busco?».

En estas páginas yace, en esencia, mi respuesta.

En la quietud del corazón

¡Qué inmenso amor, qué consoladora paz y qué gozo tan embriagador te aguardan en las calmadas profundidades de tu ser! En esas profundidades es donde encontrarás a Dios.

Cuando invocamos a Dios desde la profunda quietud del corazón —con el anhelo puro y sincero de conocerle, de sentir su amor—, obtenemos infaliblemente su respuesta. La dulce presencia del Amado Divino se convierte así en la Realidad suprema, que transforma nuestra vida y colma el alma de satisfacción.

Dios es el refugio de paz, amor, descanso y comprensión al que podemos acudir en busca de las fuerzas necesarias para hacer frente a las innumerables exigencias que nos presenta la vida.

En el interior de cada uno de nosotros existe un templo de quietud que no permite la intromisión del alboroto mundano. Pase lo que pase a nuestro alrededor, cuando penetramos en ese santuario de silencio que se encuentra en el alma, sentimos la bienaventurada presencia de Dios y recibimos su paz y fortaleza.

Deja que tu mente repose sin cesar, o tan a menudo como te sea posible, en el pensamiento de Dios. Al morar en ese pensamiento, atraes hacia ti la fortaleza, la sabiduría y el gran amor que anhela tu alma. Aférrate mentalmente a lo único que permanece inmutable en este mundo cambiante: Dios.

Si escudriñamos nuestro ser interior, descubriremos el anhelo y la necesidad de encontrar un amor que colme nuestro ser de satisfacción y nos brinde una seguridad completa, que nada en este mundo nos puede dar: ni el dinero, ni la salud, ni grado alguno de conocimiento intelectual.

En Dios se encuentra la seguridad y felicidad suprema que ansías. Nada en la Tierra puede igualar el gozo de la dulce, pura y amorosa relación que se establece entre el alma y su amado Dios.

El mundo entero podrá defraudarnos o abandonarnos, pero si hemos conseguido establecer en nuestro interior una dulce y tierna relación con Dios, jamás nos sentiremos solos ni abandonados: siempre permanecerá a nuestro lado ese Alguien que es el verdadero Amigo, el verdadero Amor, la verdadera Madre o el verdadero Padre. Sea cual sea el aspecto en que concibas a la Divinidad, Dios es aquello para ti.

Siempre que acudes al Señor en primer lugar, ¡con cuánta dulzura inunda Él tu vida y tu alma! Cuando dirijo la mirada a mi interior y me pregunto si hay algo que mi alma ansíe, la respuesta es siempre la misma: nada me falta; mi alma está plenamente satisfecha con mi amado Dios.

Sólo Dios puede satisfacer nuestras más profundas necesidades. (...)

Quien capte esta verdad, buscará un camino para acercarse a Dios. El método que yo he seguido consiste simplemente, en primer lugar, en anhelar a Dios y, luego, en cultivar una relación personal con Él mediante la devoción.

Para tener una relación íntima con Dios, hay que llegar a conocerle. Si te pidieran que amases a alguien que no conoces, te resultaría muy difícil hacerlo, aun cuando te hablasen de las excelentes cualidades de esa persona. Pero si tuvieras la oportunidad de relacionarte con dicha persona y pasar algún tiempo en su compañía, comenzarías a conocerla, a gustar de su trato y, luego, a amarla. Ése es el camino que se debe seguir para cultivar el amor a Dios.

La pregunta es: *¿cómo* llegar a conocer a Dios? Y es aquí donde la meditación viene en tu ayuda. Todas las escrituras sagradas aconsejan que quien busque a Dios, quien desee conocerle, debe observar períodos de silencio para comulgar con Él. En nuestras enseñanzas, para lograr este objetivo, empleamos técnicas de meditación, así como también cánticos y oraciones. Es absolutamente necesario seguir algún método. No se puede conocer a Dios con la mera lectura de un libro que trate del gozo o del amor divinos. Si bien las lecturas espirituales sirven para inspirar el fervor y la fe, no pueden proporcionarnos el resultado final, como tampoco lo puede conseguir el escuchar simplemente una conferencia acerca de Dios. Debes sentarte en silencio y meditar profundamente —aunque sólo sea durante unos pocos minutos cada día—, apartando la mente de todo lo demás y concentrándola solamente en Dios. Mediante esta práctica llegarás gradualmente a conocer a Dios y, al conocerle, no podrás menos que amarle.

Reserva un lugar despejado en tu alma al que puedas acudir diariamente para estar a solas con Dios.

A lo largo del día disponemos de infinidad de ocasiones para interiorizar nuestra mente, aunque no sea más que por un instante, y conversar con Dios.

Si pudieras conversar profundamente con Dios al menos durante diez minutos al día —excluyendo cualquier otro pensamiento que no sea Él—, sin duda alguna experimentarías un gran cambio en tu vida.

Lo que conmueve el corazón de Dios no son necesariamente las oraciones prolongadas. Basta un solo pensamiento expresado repetidamente desde las profundidades del alma para atraer la grandiosa respuesta divina.

Ni siquiera me gusta emplear la palabra *oración*, porque parece sugerir una súplica ceremoniosa y unilateral dirigida a Dios. Para mí, conversar con Dios, hablándole como a un amigo íntimo y querido, constituye una forma de oración más natural, personal y eficaz.

¿Cuál es el modo más fácil de conquistar a una persona? No es por medio de la razón, sino mediante el amor. Por eso, la manera lógica de conquistar al Amigo Divino consiste en amarle.

A un hijo, a la esposa o al esposo, o a los padres, se les dice con facilidad: «Te quiero». Y nadie se siente avergonzado por ello. De igual modo, resulta muy sencillo entrar en nuestro interior, cerrar las puertas del pequeño santuario del corazón y decir: «Dios mío, te amo».

La devoción es la manera más sencilla de atraer la atención de Dios.

Cuando alguien se acerca a mí y me dice «no sé cómo amar a Dios; no sé cómo hablarle», yo le contesto: «De la misma forma en que me estás hablando a mí, del mismo modo en que ahora me estás abriendo tu corazón, acostúmbrate a dirigirte así a Dios». Es asombroso cómo Dios responde a la espontaneidad de esta sincera relación con Él.

La sinceridad es el fundamento mismo de la relación del alma con Dios. Sinceridad significa ser capaz de acercarse a Dios y decirle de manera abierta e íntima, en el lenguaje más sencillo del corazón: «Ayúdame, Señor».

Cuando oramos no debemos revestirnos de falsa piedad. Eso no le impresiona a Dios. Él está interesado en lo que brota espontáneamente de nuestro corazón.

Para mí, la manera más fácil de recibir una respuesta de Dios consiste en invocarle interiormente con todo mi corazón, diciéndole: «Amor mío, Amor mío». Debes continuar repitiéndolo, aun cuando al principio no lo sientas. Llegará el día en que esas palabras expresarán fielmente tus sentimientos. «Mi Dios, mi Dios; mi Señor, mi Señor. Tú lo eres todo, sólo Tú». No hace falta decir nada más.

Practica las técnicas de meditación hasta que te sientas calmado y centrado interiormente. Luego, selecciona un pensamiento y continúa repitiéndolo, una y otra vez, hasta que no exista en tu mente ningún otro pensamiento: «Te amo, Señor. Te deseo sólo a Ti; sólo Tú, sólo Tú, solamente Tú, mi Dios». ¡Oh! Qué dulce resulta hablarle a Dios de esa manera en el lenguaje de tu corazón. Así descubrirás lo que es el verdadero amor; así descubrirás lo que es el verdadero gozo.

Tanto en el transcurso de la meditación como al finalizar ésta, el devoto llega a un estado en que sus pensamientos se manifiestan con gran sencillez. (...) Tan sólo permanece una expresión sincera que brota del corazón, de la mente y del alma: «Nada tengo que pedir, Señor. Nada que exigir. Nada que decir, excepto "Te amo". Y no quiero ninguna otra cosa más que gozar de ese amor, atesorarlo, prenderlo a mi alma y embriagarme siempre de él. No existe nada en el mundo —ni el poder mental, ni el apetito de los sentidos— que pueda apartar mi pensamiento de esta declaración de mi amor por Ti».

El hábito de hablar interiormente con Dios y amarle no sólo deberían cultivarlo quienes viven en monasterios, sino también las personas que viven en el mundo. Y es posible hacerlo: tan sólo requiere un poco de esfuerzo. Todos los hábitos que has adquirido hasta ahora son acciones que ejecutabas con regularidad, ya sea física o mentalmente, hasta que se convirtieron para ti en una segunda naturaleza. No obstante, tuviste que comenzar en algún momento determinado a crear dichos hábitos. Así pues, ahora es el momento de iniciar esa clase de acciones y pensamientos que fomentan el hábito de conversar en silencio con Dios.

Sencillamente dile a Dios con tus propias palabras —de forma callada, sin que nadie te oiga— que le amas. Díselo mientras estás practicando la meditación silenciosa. Díselo mientras transitas por las bulliciosas calles o cuando te hallas sentado en tu escritorio: «Te amo, Dios mío. Te amo, Señor». Que ése sea tu último pensamiento por la noche antes de entregarte al sueño. Comienza esta misma noche. ¡Es tan hermoso! No existe mayor gozo. Cuando empieces a dormirte y el alma comience a sumergirse en el estado de reposo, deja que la mente entone calladamente, con suavidad y dulzura, este canto: «Mi Señor, mi Señor, mi Amor, mi Amor, mi Dios».

Cuando te sientas triste y cuando estés alegre, cuando el cuerpo no se encuentre bien y cuando esté pletórico de vigor, cuando las cosas vayan mal y cuando vayan bien, en todos esos momentos, deja que fluya en tu mente —de modo constante y silencioso— un único pensamiento: «Dios mío, te amo». Afírmalo de todo corazón.

¡Cuánto más dulce y hermosa se vuelve la vida, si al utilizar los sentidos los relacionamos en todo momento con Dios! Puedo dirigir la mirada a los demás y decir: «Amigos, los amo». Puedo dirigir la mirada a los pájaros y a los árboles, y decir: «Los amo». Sin embargo, yo sé que «eres Tú a quien realmente amo, mi Señor. Tú me has dado ojos para ver la belleza en todas las cosas y en todos los seres que has creado».

Se me parte el corazón cuando veo a personas cuyas mentes están atribuladas por multitud de problemas —frustraciones, desdichas, decepciones—. ¿Por qué los seres humanos se hallan atormentados por esta clase de experiencias? Por una razón: han olvidado a Dios, han olvidado a Aquel que nos ha creado a todos. Cuando llegues a convencerte de que lo único que te falta en la vida es Dios y decidas eliminar esa carencia mediante el esfuerzo por colmarte de la conciencia de Dios en la meditación diaria, llegará el momento en que te sentirás tan completo, tan plenamente satisfecho, que nada podrá perturbarte ni hacerte flaquear.

Incluso en los momentos en los que predomine la aridez en tu corazón, continúa tratando de sentir amor hacia Él. Esa actitud debe convertirse en tu estilo de vida, no sólo por unos minutos o unas horas al día, ni tan siquiera por unos años, sino durante todos y cada uno de los instantes del resto de tus días. Comprobarás entonces que al final del camino el Divino Amado está esperándote.

Cada día de tu vida puede ser un día de gozo, alegría, valor, fortaleza y amor, si incesantemente te comunicas con Dios en el lenguaje de tu corazón.

La mayoría de las personas desisten de sus esfuerzos porque abrigan la idea de que Dios no les responde; pero lo cierto es que Dios nos da a conocer su presencia a su propio tiempo y manera. Uno de los problemas es que ¡nos olvidamos de escuchar! Escuchar es parte de la conversación con Dios. Como dice la Biblia: «Aquietaos y sabed que Yo soy Dios».

Tanto aquí como en el extranjero, la gente se acerca y me dice: «¿Cómo le es posible permanecer sentada e inmóvil en meditación durante tantas horas? ¿Qué es lo que hace durante esos períodos de quietud?». Los yoguis de la antigua India desarrollaron la ciencia de la religión. Descubrieron que, mediante ciertas técnicas científicas, es posible aquietar la mente de tal modo que no subsista la más mínima ondulación de pensamientos agitados que la perturben o distraigan. En ese claro y apacible lago de la conciencia, podemos contemplar entonces la imagen de Dios que se refleja en nuestro interior.

Dios se encuentra siempre a nuestro lado. No se trata de que Él acuda repentinamente desde algún punto remoto del espacio para acercarse a nosotros. Dios siempre está con nosotros; sin embargo, ignoramos este hecho debido a que nuestra mente no está atenta a Él. Permitimos que los estados de ánimo, los traumas emocionales, la susceptibilidad o la ira —y los malentendidos que resultan de dichas inclinaciones negativas— agiten y oscurezcan nuestra percepción de tal manera que nos impiden ser conscientes de la presencia divina.

Las escrituras sagradas de todo el mundo afirman que estamos hechos a imagen de Dios. Si eso es verdad, ¿por qué no tenemos conciencia de que somos inmaculados e inmortales como lo es Él? ¿Por qué no nos vemos a nosotros mismos como encarnaciones de su espíritu? (...)

Una vez más, ¿qué es lo que dicen las escrituras sagradas? «Aquietaos y sabed que Yo soy Dios». «Orad constantemente». (...)

Si practicas regularmente la meditación yóguica con atención concentrada, llegará el momento en que de repente te dirás a ti mismo: «¡Oh! No soy este cuerpo, aun cuando lo use para comunicarme con el mundo; tampoco soy esta mente, con sus emociones de ira, envidia, odio, codicia y descontento. Lo que en realidad soy es ese maravilloso estado de conciencia que percibo en mi interior. Estoy hecho a imagen de la bienaventuranza y del amor de Dios».

Los devotos que viven en la conciencia de Dios comprueban que su ser se halla siempre concentrado en Él, que su mente está constantemente girando en torno a algún aspecto de la Divinidad: mi Dios, mi Padre, mi Madre, mi Hijo, mi Amado, mi Amor, mi Todo.

Cultiva una relación más personal con Dios, considerándote como su hijo, su amigo o su devoto. Debemos disfrutar de la vida con la conciencia de que estamos compartiendo nuestras experiencias con Aquel que posee bondad, comprensión y amor supremos.

La mayoría de la gente no tiene la menor idea de cuál es la naturaleza de Dios. Para muchos, Dios no es más que un nombre. Algunos piensan que posee forma; otros creen que no la tiene. Es absurdo pensar que Dios debe poseer forma o bien carecer de ella, puesto que Él comprende ambos aspectos. La naturaleza de Dios es ilimitada: Él es «todas las cosas para todos los hombres». Cada devoto tiene derecho a abrigar su propio concepto de Dios, aquel que más le atraiga.

Lo importante es que el concepto que tengas de Dios sea una idea que despierte en ti la devoción.

En caso de que te resulte inconcebible la sola idea de un Dios personal, descarta toda forma con la que se identifique a la Divinidad y, si te parece más plausible, concéntrate en la Dicha Infinita, en la Inteligencia Infinita o en la Conciencia Omnipresente.

—Me resulta imposible imaginar a Dios como Padre —me dijo cierta persona que se había acercado a mí—. No puedo seguir una religión que haga hincapié en la importancia de amar y orar a Dios como Padre.

—¿Por qué preocuparse tanto por eso? Dios es todas las cosas. ¿Cuál es tu idea de Dios? —le respondí.

—Yo me imagino a Dios como Madre —contestó él.

—Busca, pues, a Dios como Madre —le

dije—. Concibe al Infinito bajo ese aspecto. Llegará el día en que tomarás plena conciencia de que Dios está más allá de toda forma, aunque también se manifiesta mediante innumerables formas.

Para mí, Dios no tiene forma: es Amor infinito. A veces concibo ese Amor como mi Amado, otras veces como mi Madre Divina, y en otras ocasiones simplemente como Amor. No es difícil entender el concepto de un ser sin forma cuando tomas en consideración que tú también careces de forma. En efecto, de la misma manera que la electricidad se encuentra encerrada en una bombilla, pero no es la bombilla en sí, también tú —el alma— te hallas encerrado en esta bombilla que es el cuerpo y, sin embargo, no eres el cuerpo. Cuando llegues a entender que Dios está presente en todas las cosas, te sentirás divinamente embriagado por el solo hecho de pensar en Dios en cualquiera de sus innumerables aspectos.

No concibas a Dios como una mera palabra, ni como un extraño, ni como alguien que mora en las alturas a la espera de juzgarte y castigarte. Piensa en Él de la misma manera que desearías que pensaran en ti si tú fueras Dios.

Absolutamente nada de lo que nosotros pudiéramos hacer sería capaz de inducir a Dios a desampararnos. Dios nunca se apartará de nosotros.

No tenemos que ser perfectos para que Dios nos ame. Él ya nos ama, a pesar de todos nuestros defectos y debilidades.

Una de nuestras grandes flaquezas consiste en tenerle miedo a Dios. Tememos reconocer ante Él todo aquello que causa una profunda preocupación en nuestra alma, en nuestro corazón y en nuestra conciencia. Pero eso es un error. El Divino Amado es el primero a quien deberías acudir con todos los problemas que tengas. (...) ¿Por qué? Porque mucho antes de que hayas siquiera reconocido tus debilidades, Él ya las conoce. Ten por seguro que no le estás diciendo a Dios nada nuevo. Sin embargo, el alma experimenta una maravillosa liberación cuando puedes desahogarte con Él.

«¡Mi Señor!, me atrevo a preguntarte cualquier cosa. Nunca me siento cohibida, ni incómoda, ni blasfema, puesto que Tú eres mi Amado. Conoces la sencillez de mi alma y entiendes mi anhelo de comprensión y sabiduría. Tú me ves con todas mis buenas cualidades y con todos los defectos de los que todavía no he sido capaz de desprenderme. No me castigas por las flaquezas en que está envuelta la pureza de mi alma, sino que me ayudas. No trato de ocultarte mis imperfecciones, Señor. Me acerco a Ti con humildad, con devoción, con sencillez, con la confianza de un niño, pidiéndote que me ayudes. Y continuaré pidiendo hasta que me respondas. Jamás me daré por vencida».

El Señor no nos condena cuando nos equivocamos; así pues, no debemos reprendernos en exceso, sino amar más a Dios. Ámale tanto que tus faltas no puedan intimidarte ni impedirte que corras hacia Él.

Dios no nos responde necesariamente según nuestros méritos, sino de acuerdo con la profundidad de nuestro anhelo de comulgar con Él.

Ofrécele a Dios simplemente un pensamiento de amor y anhelo sincero, y Él te responderá: «Hijo mío, bastará una sola llamada silenciosa surgida de las profundidades de tu alma para que Yo esté ahí al instante».

En mi relación con Dios, prefiero pensar en la Divinidad bajo el aspecto de Madre. El amor del padre está frecuentemente condicionado por la razón y por el mérito del hijo. El amor de la madre, sin embargo, es incondicional: en lo que respecta a su hijo, ella es todo amor, compasión y perdón. (...) Podemos acudir al aspecto divino de Madre como lo hace un hijo y exigir su amor como algo que nos pertenece, independientemente de nuestros méritos.

La relación con Dios en el aspecto de Madre ¡es tan dulce! Una madre ama, perdona y es leal a su hijo, a pesar de los errores que éste cometa. Así es como Dios ama a cada alma. La Madre Divina está atentamente preocupada por nuestro bienestar y se deleita con nuestra felicidad. ¿Quién sino la madre ansía más estar con su hijo y ofrecerle consuelo y alegría? Recuerda este pensamiento cuando invoques a Dios en las silenciosas profundidades de la meditación.

La capacidad de amar pura e incondicionalmente nace de la meditación, del hecho de estar enamorados de Dios y de conversar en silencio con Él en el lenguaje del corazón. No creo que exista un solo momento en mi vida en que no esté conversando con Él. No me preocupa mucho si habla o no conmigo. Quizá parezca extraño que yo piense así. Tan sólo sé cuánto gozo me produce conversar interiormente con Dios y después sentir, de repente, que un gran estremecimiento de divino amor, dicha o sabiduría inunda mi conciencia. Entonces, comprendo: «¡Oh, Madre Divina! ¡Eres Tú quien me brinda lo que busco en esta vida!».

Cuando llegue algún bien a tu vida, compártelo primero con Dios. Cuando se te presente alguna adversidad, ofrécesela a Dios y pídele su ayuda. Cuando haya algo que no entiendas, llévaselo a Dios: discútelo con Él y ora para que te guíe y te conceda un entendimiento certero. En suma: relaciona con Dios todos los acontecimientos de tu vida.

En todo corazón humano existe un vacío que sólo Dios puede llenar. Así pues, haz que la prioridad de tu vida sea encontrar a Dios.

Recuerda a Dios en todo momento... ¡Él te ama tanto!

Aprende a amar profundamente a Dios. Si no sabes cómo hacerlo, dirígele incesantemente esta oración: «Dios mío, enséñame a amarte. (...) Dame amor. Me presento ante Ti con todas mis frustraciones, angustias, dolores y desengaños, anhelando obtener entendimiento. (...) Enséñame qué es el amor». Llegará el momento en que la mente se encuentre tan serena en la bienaventurada presencia interior de Dios que bastará con invocar su nombre una sola vez para sentir ese amor infinito.

Debemos ser sinceros con Dios. ¿De qué sirve decir: «Señor, te amo», si la mente está ausente, ocupada en otra cosa? Recuerda el nombre de Dios y pronúncialo tan sólo una vez, con el más puro amor, o cántalo repetidamente con anhelo y concentración cada vez más profundos, y esto cambiará tu vida.

Si mientras converso con alguien estoy mirando a mi alrededor, al resto de la gente que se encuentra en la sala, o al reloj, o a lo que está pasando afuera, esa persona se preguntaría: «¿Qué significa esto? Me dirige a mí sus palabras, ¡pero su atención está en otra parte! Ella no se interesa por mí». Eso mismo es lo que le hacemos sentir a Dios con nuestra falta de atención al dirigirnos a Él.

Dios se halla tan cerca de ti como tus pensamientos se lo permiten.

Si tuviéramos fe en que Dios se encuentra tan sólo a un pensamiento de distancia y que siempre permanece amorosamente atento a nosotros, ¡con cuánta mayor frecuencia acudiríamos a Él y nos deleitaríamos con su compañía!

¡Cómo clamamos al Señor cuando acontece algún desastre en nuestras vidas! No esperes a que eso suceda. Una silenciosa llamada dirigida a Dios desde el corazón bastará para recibir su dulce respuesta.

Si desde hoy en adelante cultivases el hábito de comulgar y conversar calladamente con Dios, esperándole y escuchándole con fidelidad, comprobarías que Él responde a las llamadas que brotan de tu corazón. Y no podría ser de otra manera: Él responde incluso en medio de nuestras actividades.

Trata de permanecer más atento a ese mundo interior en el que puedes caminar con Dios y conversar con Él y escuchar su silenciosa confirmación de que le perteneces. No hay otro modo de llegar a esa gozosa relación sino aprendiendo a interiorizarnos más, a morar más a menudo en lo que Santa Teresa llamaba el «castillo interior».

Si tu anhelo de conocer a Dios es sincero y sin reservas, tan pronto como te sumerjas en tu interior y pronuncies silenciosamente el nombre del Amado Divino, tu corazón rebosará de gozo y amor. Esto es lo que todos deseamos. No hay palabras que puedan describir ese gozo y ese incontenible amor. Comprendo qué fácil les resulta a los santos observar durante toda la vida el voto de silencio, pues en su interior disfrutan de la ferviente y arrobada conversación que tiene lugar entre Dios y sus verdaderos devotos. Los santos prefieren no hablar mucho, para evitar que el estruendoso estallido de sus palabras ahogue la dulce voz de Dios que susurra en su interior.

Dios nos ha dado a cada uno de nosotros un apacible templo interior, donde ninguna otra persona puede entrar. Ahí podemos estar a solas con Dios. No es necesario hablar mucho sobre ese templo interior. Sin embargo, permanecer en él no nos aleja de nuestros seres queridos, sino que más bien suaviza, fortalece y hace más permanentes todas nuestras relaciones con los demás.

Cuando acudimos directamente al Manantial de donde proceden todos los amores (el amor de los padres por los hijos, de los hijos por los padres, del esposo por la esposa, de la esposa por el esposo y del amigo por sus amigos), bebemos de una fuente que nos satisface más allá de todo lo que pudiéramos imaginar.

Comulga profundamente con este Dios de amor infinito, que te espera siempre en el templo de la meditación.

Recuerda siempre que Dios trata directamente con aquello que albergas en tu corazón.

En el santuario de nuestra mente, Dios nos ha otorgado libertad de pensamiento y un remanso de intimidad. Nadie puede violar esa libertad ni ese espacio reservado donde puedes estar a solas. En dicho santuario interior, el Señor nos ha concedido a cada uno de nosotros la oportunidad sin límites de manifestarle nuestro amor y comulgar con Él. Nadie tiene por qué enterarse de la silenciosa adoración que le ofrendamos en nuestro interior: un dulce y sagrado intercambio de amor y gozo.

El amor es el único tributo digno de Dios que podemos ofrecerle.

Dios se siente atraído hacia los corazones compasivos. Él se acerca al devoto de mirada pura que le ve como al Ser Único que se halla oculto en el interior de toda forma creada. Considera a cada persona como si fuera el Señor mismo, que se ha disfrazado así para comprobar de qué manera reaccionarás.

Trata de sentir lo que Dios siente por cada uno de sus hijos. Podemos cultivar ese afecto e interés por los demás, si al tratar con ellos elevamos en nuestro interior la siguiente oración silenciosa: «Señor, hazme sentir tu mismo amor por esta alma». (...)

Todos los seres responden al amor. San Francisco estaba tan colmado de amor divino que incluso las criaturas tímidas y hostiles perdían, en su presencia, el miedo y la agresividad. Quienes son canales del amor divino desarrollan el magnetismo espiritual e irradian una fuerza capaz de armonizar toda discordia.

Dicen las escrituras sagradas hindúes: «Se debe perdonar todo agravio recibido. (...) Gracias al perdón el universo mantiene su cohesión. El perdón es la fuerza de los poderosos; el perdón es sacrificio; el perdón es sosiego para la mente. El perdón y la benevolencia son los atributos de aquel que es dueño de sí mismo. Ellos representan la virtud eterna».

Trata de vivir según este ideal, prodigando bondad y amor curativo a todo el mundo. Entonces sentirás que el amor de Dios —que abarca el universo entero— inunda tu propio corazón.

No seas demasiado susceptible, pues de lo contrario te sentirás constantemente agitado por las emociones y exigencias del cuerpo, y por las circunstancias externas. Trata de permanecer en la calma interior del alma. Ahí es donde se encuentra tu verdadera morada.

Durante muchos años he tenido sobre mi escritorio la siguiente cita inspirativa:

«La humildad consiste en la perpetua quietud del corazón. Es no tener ninguna aflicción. Es no sentirse jamás incómodo, o humillado, o irritado, o herido, o decepcionado.

»Es no esperar nada, no asombrarme ante nada de lo que puedan hacerme, no sentir jamás que algo se hace en mi contra. Es permanecer tranquilo cuando nadie me alaba, así como también cuando se me condena y se me desprecia.

»Es poseer una bendita morada en mi interior, donde puedo entrar, cerrar la puerta y arrodillarme secretamente ante mi Padre, y sentirme en paz, como en un profundo océano de calma, mientras la agitación reina en todo a mi alrededor y por encima de mí»[1].

Esa seguridad y esa paz se pueden alcanzar manteniendo la mente fija en Dios.

[1] Canon T.T. Carter (1809-1901).

¿Sabes qué es lo que realmente anda mal cuando estamos llenos de emociones negativas, resentimiento y deseos inquietos? La causa de todos estos sufrimientos es la soledad y el vacío interior que provienen de no conocer a Dios. Nuestras almas recuerdan el amor perfecto del que una vez gozamos, cuando estábamos completamente unidos al Amado Divino, y clamamos en el desierto de este mundo por experimentar de nuevo ese amor.

La paz y armonía que todo el mundo busca con tanto apremio no puede obtenerse de las cosas materiales ni de ninguna experiencia externa: ¡es sencillamente imposible! Quizá podamos sentir una tranquilidad pasajera al contemplar una hermosa puesta de sol, o cuando vamos a la montaña o a la playa. Pero incluso las escenas más inspiradoras no te proporcionarán paz si tu ser se encuentra en desarmonía.

El secreto para que todas las circunstancias exteriores de tu vida se llenen de armonía consiste en establecer primeramente la armonía con tu alma y con Dios.

Dios creó a todos los seres humanos a su imagen. Esa imagen divina se encuentra en el interior de cada uno de nosotros: se trata del *atman* o alma. (...) Cuando actúas en contra de esa naturaleza, te vuelves mezquino, nervioso, irritable, descontento, víctima de una insuficiente autoestima y de otras desarmonías psicológicas. Pero cuando has logrado restablecer el divino vínculo entre tu alma y Dios, has aprendido realmente el arte de vivir y te vuelves consciente de que un caudaloso río de paz, amor y gozo fluye a través de ti, satisfaciéndote plenamente para siempre.

«Señor, Tú estás en mí y yo estoy en Ti». Deja que tu mente se concentre en el significado de esta afirmación. (...) Repítela continuamente sintiendo la verdad de lo que afirmas. Siente que la abundante vida de Dios fluye hacia ti como fortaleza, paz, orientación y gozo, cualquiera que sea tu necesidad material, emocional o espiritual. Siente cómo se desmoronan los confinantes muros del miedo, de la limitación, de la debilidad y de la soledad, a medida que tu ser se expande hasta fundirse en el omnipresente abrazo de Dios.

Toma plena conciencia de que no estamos solos, de que nunca lo hemos estado y de que nunca lo estaremos.

Dios no tiene favoritos. Él nos ama a cada uno de nosotros del mismo modo que ama a sus más grandes santos.

Se dice en las escrituras sagradas hindúes que el solo hecho de pronunciar el nombre de Dios confiere la salvación. Cuando leí esto por primera vez, no entendí cómo podría ser posible. Pero luego aprendí que sí es posible, cuando en esa oración mental se vuelcan todos los anhelos y deseos de nuestra alma: «¡Señor mío! Sólo te amo a Ti, únicamente te quiero a Ti, no anhelo nada más que a Ti».

He oído decir a muchos buscadores espirituales: «Pero yo *he estado* orando». El cristiano podrá decir: «He repetido mis oraciones diariamente durante veintitrés años»; el musulmán: «He sido fiel en mi práctica del *namaj* durante veintitrés años»; y el hindú: «He estado practicando *japa* o realizando mi *puja*». Sin embargo, cada uno de ellos se sigue quejando: «Siento que no he progresado en modo alguno. Mi mente continúa desasosegada; me encuentro muy nervioso. ¿Cuál es la razón de que me sienta así?». La explicación se halla en el hecho de que esas prácticas se han vuelto mecánicas. No puedes ganarte el amor de nadie si manifiestas falta de interés o pronuncias palabras de amor de una manera mecánica. El amor debe brotar del corazón. Eso es lo que con frecuencia falta en las prácticas espirituales.

Existen muchos medios de encontrar a Dios, pero un elemento esencial en todos ellos es la devoción. ¿Cuál es el fundamento de todas las relaciones personales, qué es lo que atrae mutuamente a los seres humanos, sino el amor? ¿Qué es lo que nos atrae hacia un niño sino el amor? ¿Qué es lo que nos atrae hacia otra persona sino el amor? El amor constituye una fuerza poderosísima en este mundo. Cuando miras con atención a un hijo y le dices: «Te quiero, hijo mío», el pequeño te cree.

Pero si la madre le dice «Te quiero» mientras pone su atención en alguna otra cosa, el niño replica: «Mamá, mírame. Dímelo a *mí*». ¿No crees tú que Dios pueda sentir lo mismo?

Dice el Señor en el *Bhagavad Guita*: «A aquel que está siempre atento a Mí, Yo le dedico mi atención. Él nunca me pierde de vista y Yo jamás le pierdo de vista a él». Oro porque de ahora en adelante estés siempre silenciosamente atento al Amado. Él nos recuerda en todo momento; somos nosotros quienes le olvidamos.

Dirijámonos al Amado con devoción; pero más allá de la devoción, seamos capaces de decirle: «¡Te amo, Señor! ¡Tú eres mi amado! No podría amar a nadie —ni a mis hijos, ni a mis padres, ni a mi esposo, ni a mi esposa, ni a cualquier otra persona— si Tú no hubieras infundido en mí esa capacidad de amar. Así pues, por encima de todo, te amo a Ti. Te amo, Dios mío».

El mayor gozo que podemos experimentar se encuentra en conversar silenciosamente con Dios en el lenguaje del alma. El suyo es un amor que nunca podrá defraudarnos. Hablo basándome en la experiencia de muchos años. Ésa es la razón por la que insisto una y otra vez: ama a Dios, ama a Dios, ama a Dios.

Embriágate de Aquel cuya naturaleza misma es el Amor.

Aprende a cultivar una relación tan dulce con Dios que siempre que te sientas decepcionado, siempre que haya alguna frustración en tu vida, tomes conciencia de que ello proviene de Dios y tiene como propósito recordarte que no debes olvidarle.

¡Qué maravilloso es tener tal relación con la Madre Divina que sientas que Ella nunca está ausente, ni siquiera en los momentos de dificultad y de tensión! Cuando has cultivado esa relación íntima, puedes hablar con Ella de cualquier cosa y sentir su dulce respuesta y su protección. No se trata de acercarte a Ella con una actitud de falsa piedad o de víctima, sino que, como el niño que acude a su madre, puedes simplemente tirar de los pliegues de su manto y decirle: «¡Escúchame, Madre Divina! ¿Qué es lo que me estás haciendo?».

El propósito de la adversidad no es destruirnos ni castigarnos, sino ayudarnos a despertar la invencibilidad en nuestras almas. (...) Las dolorosas pruebas por las que atravesamos no son más que la sombra de la mano de Dios que se extiende para bendecirnos. El Señor está ansioso por ayudarnos a escapar de *maya*, de este conflictivo mundo de la dualidad. Todas las dificultades por las que Dios permite que pasemos son necesarias para acelerar nuestro retorno a Él.

Háblale a Dios como un hijo. Si lo haces así todas las noches, tu vida se enraizará firmemente en Él. Serás como un árbol robusto, que se dobla con el viento pero jamás se troncha, y no como un árbol quebradizo, que se parte y es abatido con tan sólo una pequeña ráfaga de viento. El devoto de Dios aprende a doblarse con las experiencias de la vida sin llegar a quebrarse, pues sus raíces están profundamente ancladas en Él.

La manera más sencilla de triunfar en la batalla de la vida es mantener a Dios en nuestro pensamiento, dedicándole un lugar preponderante en nuestra conciencia.

Existen varios puntos básicos que nos permiten desarrollar una actividad muy intensa sin perder, no obstante, nuestra paz o equilibrio interior. El primero de ellos es comenzar el día con un período de meditación. Las personas que nunca meditan no pueden llegar a experimentar la enorme paz que inunda la conciencia cuando ésta se recoge profundamente en el interior. Ese estado de paz no se puede alcanzar sólo por medio del pensamiento o la imaginación, pues se encuentra más allá de la mente consciente y de los procesos de pensamiento. Por eso son tan maravillosas las técnicas de meditación yoga que nos enseñó Paramahansa Yogananda. Todo el mundo debería aprender a usarlas. Cuando las practicas de manera correcta, sientes realmente que estás nadando en un profundo océano de paz. Comienza el día anclando tu mente en esa tranquilidad interior.

Mientras desempeñas tus ocupaciones, detente de vez en cuando para preguntarte: «¿Dónde está enfocada mi conciencia? ¿Se halla mi mente silenciosamente atenta a Dios en mi interior, o se encuentra absorta en las preocupaciones externas?». Si meditas y, luego, en medio de tus actividades, tratas de mantener la mente centrada en Dios, tu vida comenzará automáticamente a equilibrarse: te convertirás en un ser humano más tranquilo, que no actuará guiado por la emoción sino por un estado más profundo de quietud interior.

En medio de una actividad intensa, cuando varios problemas a la vez demandan tu atención, resulta un verdadero desafío ser capaz de suspender de repente lo que estás haciendo y preguntarte: «Mi amado Dios, ¿estás todavía conmigo?». Cuando esa silenciosa llamada te revele la consoladora presencia del Señor, sabrás entonces que estás progresando espiritualmente.

Si pones en práctica estas sugerencias, llegará el momento en que tu conciencia permanecerá continuamente en el estado meditativo, es decir, siempre con Dios. Con el tiempo, el devoto llega a ser como el Hermano Lorenzo: tanto si se encontraba barriendo el suelo como adorando a Dios ante el altar, el Hermano mantenía su mente absorta constantemente en Él[2]. Ése es el estado que deseas adquirir, pero re-

[2] El Hermano Lorenzo (1614-1691) fue el autor de una obra devocional clásica titulada *La práctica de la presencia de Dios*.

quiere esfuerzo: no es posible alcanzarlo por medio de la imaginación. Con el tiempo, comprobarás que si concentras la mente por un instante en tu interior —incluso mientras estás cumpliendo con tus deberes—, sentirás dentro de ti un burbujeante manantial de devoción, de gozo y de sabiduría, que te hará exclamar: «¡Ah! ¡Él está conmigo!». Ése es el fruto de la meditación del cual se puede gozar en cualquier momento, ya sea durante la quietud de la comunión con Dios o en medio de la actividad diaria.

El amor es la única Realidad: ninguna otra cosa en la vida posee un atractivo o interés duradero para el alma. Hace muchos años, le dije a Paramahansa Yogananda: «Hay algo que anhelo en la vida: el amor; pero deseo recibirlo de Dios».

Su respuesta me conmovió profundamente: «Si es así, éste es mi consejo: lleva ese anhelo a tu meditación; medita profundamente; medita con tal profundidad que toda tu mente esté ocupada por el único deseo de sentir el amor divino, el deseo de comulgar con Dios; entonces, llegarás a conocer a Aquel que es el Amor mismo».

Busca en tu casa un rincón aislado donde puedas estar a solas. Tanto si te encuentras apesadumbrado como si te hallas rebosante de alegría y paz mental, siéntate en calma y conversa con Dios en el lenguaje de tu alma. Si perseveras en tu intento, recibirás indefectiblemente su respuesta: no puede ser de otro modo. Cuanto más hables con Él —no con oraciones rebuscadas o dichas de manera mecánica, sino comunicándote personalmente con Él desde las profundidades de tu corazón—

comprobarás con mayor frecuencia que comienzas a sentir su respuesta en tu interior del modo más inesperado. *Podemos* conocer a Dios; *podemos,* en verdad, comulgar con Él y sentir su amor en nuestras vidas.

No hay amor que pueda compararse con el amor de Dios.

Ora al Señor en el lenguaje de tu alma: «Tú estás en el fondo mismo de mis pensamientos, en el fondo mismo de mi corazón, en el fondo mismo de mi aliento y del amor que recibo de mis seres queridos. Tú lo eres todo; únicamente Tú». Sólo Dios está con nosotros cuando venimos a este mundo. Es Él quien dirige nuestras vidas, si le permitimos que lo haga. Y sólo Él estará con nosotros cuando abandonemos este mundo.

Invoca a Dios desde lo más profundo de tu alma. Háblale en el lenguaje de tu corazón. Desahógate con Él. Cualesquiera que sean tus defectos, no temas acudir a Él. El Señor conoce muy bien lo que somos; no hay nada oculto para Él. Recuerda que Dios es el Amor mismo, ¡tan misericordioso y comprensivo! Él sabe cuán poderosa es la ilusión que ha creado en este mundo y, para ayudarnos a escapar de ella, nos exhorta con insistencia: «¡Ven a Mí! ¡Ven a Mí! ¡Entrégame tu amor! ¡Aférrate a Mí!».

Nunca mantengas a Dios alejado de ti, ¡nunca! Él es el más próximo de cuantos nos son próximos, el más amado de los amados, el más cercano de todos los que nos rodean.

Nuestra relación con Dios se vuelve muy dulce y sencilla cuando procuramos recordar lo cerca que Él está de nosotros en todo momento. Si tratamos de obtener manifestaciones milagrosas o resultados extraordinarios en nuestra búsqueda de Dios, es muy probable que pasemos por alto las diversas maneras en que continuamente Él se acerca a nosotros.

«Estad siempre alegres —nos aconsejan las escrituras sagradas—. Orad constantemente. En todo dad gracias». Cuando reconocemos con agradecimiento el amor y la bondad de nuestro Padre Celestial, profundizamos nuestra sintonía con Él. El agradecimiento abre las puertas del corazón al inagotable caudal del amor divino en sus múltiples manifestaciones.

Siempre que alguien te preste su ayuda, reconoce en dicho gesto la mano de Dios que te otorga esa gracia. Cuando alguien diga algo amable acerca de ti, oye la voz de Dios que resuena en el fondo de esas palabras. Cuando algo bueno o hermoso engalane tu existencia, considera que viene de Dios. Asocia con Dios todo lo que suceda en tu vida.

Reconoce el bien que se halla presente en cada momento y en cada experiencia, contemplando la mano del Dador en todo ello, con un corazón agradecido.

Dios responde a quienes poseen la actitud natural, amorosa y confiada de un hijo hacia su madre: una actitud abierta y receptiva.

Si la ansiedad, la impaciencia y la tensión nublan tu conciencia, te resultará imposible sentir la presencia de Dios en tu interior. Es preciso saber esperar en calma y en silencio. Esto lo expresó hermosamente Rabindranath Tagore con las siguientes palabras:

«¿No has sentido quizá sus silenciosos pasos?

Él viene, viene, viene siempre...».

El devoto debe permanecer en esa quietud interior, con una actitud de espera plena de devoción y reverencia. Comenzará entonces a sentir el Gozo, el Amor y la Presencia Divina surgiendo desde su interior: «Él viene, viene, viene siempre...».

A medida que perseveres y mantengas tu resolución de no darte nunca por vencido, comenzarás a sentir que en tu interior florece una dulzura que sobrepasa cualquier otra experiencia que alguna vez hayas soñado: una comunión con Dios que nada puede perturbar. (...) Cuando tengas esa clase de relación con Dios, comenzarás verdaderamente a disfrutar de la vida.

Cuando amas a Dios, tu mente está siempre centrada en Él; descansas entonces en la verdad eterna en lugar de ser sacudido por las constantes incertidumbres de la existencia mortal; te sumerges en las quietas profundidades del océano de la presencia divina que mora en tu interior, donde no te pueden perturbar las tormentas que agitan la superficie. En ese estado desaparece la inseguridad: ya no albergas temor a la pérdida o al daño, ni siquiera a la muerte.

Él único propósito de la vida es éste: encontrar a Dios y vivir enamorados de Él.

Reseña de la autora

Sri Daya Mata, cuyo nombre significa «Madre compasiva», ha inspirado a personas de todas las creencias y condiciones sociales con la sabiduría y el gran amor por Dios que ha cultivado, durante más de 70 años, mediante la práctica diaria de la meditación y de la oración. Daya Mata ingresó a los 17 años de edad en la orden monástica fundada por Paramahansa Yogananda y se cuenta entre sus principales discípulos. En 1955 se convirtió en una de las primeras mujeres de la historia moderna en ser elegida para dirigir un movimiento religioso mundial. En calidad de presidenta de *Self-Realization Fellowship* —la sociedad espiritual y humanitaria que fundó Paramahansa Yogananda en 1920—, Daya Mata ha realizado varias giras internacionales para dar conferencias; de éstas y de sus charlas informales se han publicado ya dos antologías: *El gozo que buscas está en tu interior: Consejos para elevar el nivel espiritual de la vida diaria* y *Only Love: Living the Spiritual Life in a Changing World*.

Reseña biográfica de Paramahansa Yogananda

Paramahansa Yogananda (1893-1952) es mundialmente reconocido como una de las personalidades espirituales más ilustres de nuestro tiempo. Nació en el norte de la India y en 1920 se radicó en Estados Unidos, donde enseñó, durante más de treinta años, la antigua ciencia de la meditación originada en su tierra natal y divulgó el arte de vivir la vida espiritual en forma equilibrada. A través de la célebre historia de su vida, *Autobiografía de un yogui,* así como también por medio de sus numerosos otros libros, Paramahansa Yogananda ha dado a conocer a millones de lectores la perenne sabiduría de Oriente. *Self-Realization Fellowship,* la sociedad internacional que él fundó en 1920 con el fin de diseminar sus enseñanzas en todo el mundo, continúa llevando a cabo su obra espiritual y humanitaria.

Obras de Paramahansa Yogananda

Autobiografía de un yogui

Charlas y Ensayos:
Volumen I: La búsqueda eterna
Volumen II: El Amante Cósmico

Afirmaciones científicas para la curación

Cómo conversar con Dios

Diario espiritual

Donde brilla la luz: *Sabiduría e inspiración para afrontar los desafíos de la vida*

En el santuario del alma: *Cómo orar para obtener la respuesta divina*

La ciencia de la religión

La ley del éxito

La paz interior: *El arte de ser calmadamente activo y activamente calmado*

Máximas de Paramahansa Yogananda

Meditaciones metafísicas

Susurros de la Madre Eterna

Vive sin miedo

Las publicaciones mencionadas se pueden adquirir en diversas librerías o solicitarse a:

Self-Realization Fellowship
3880 San Rafael Avenue
Los Angeles, California 90065-3298, EE.UU.
Tel.: (323) 225-2471 • Fax: (323) 225-5088
www.yogananda-srf.org

Otras obras de Sri Daya Mata

El gozo que buscas está en tu interior:
Consejos para elevar el nivel espiritual de la vida diaria

La intuición: *Guía del alma para tomar decisiones acertadas*

Obras de otros autores

La ciencia sagrada
Swami Sri Yukteswar

Mejda: La familia, niñez y juventud de Paramahansa Yogananda
Sananda Lal Ghosh

Las Lecciones de Self-Realization Fellowship

Las técnicas científicas de meditación que enseñó Paramahansa Yogananda, entre las cuales se incluye *Kriya Yoga,* —al igual que su guía sobre cómo llevar una vida espiritual equilibrada— se describen en las *Lecciones de Self-Realization Fellowship*. Si desea recibir mayor información al respecto, sírvase solicitar el folleto gratuito *Un mundo de posibilidades jamás soñadas.*